Dioses lentos,
ángeles ociosos,
del sólo ir

Norberto García Hernanz

Dioses lentos, ángeles ociosos, del sólo ir

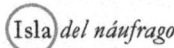

Euritmia poesía
Segovia, 2026

Dioses lentos,
ángeles ociosos,
del sólo ir

© Norberto García Hernanz: texto
© @sonrisas_de_la_calle / Estefanía de la Calle: Foto autor
© A.C. Isla del náufrago de la presente edición,
ISBN: 978-84-125130-3-5
Depósito legal: SG 11-2026
1ª edición, marzo 2026
Diseño Colección: Mariano Carabias María
Edita: AC Isla del Náufrago
C/ Madrona, 13 40002 Segovia (España)
www.isladelnaufrago.es
email: isladelnaufrago@gmail.com
Imprime: Safekat Laguna del Marquesado 32 L Madrid
Impreso en España / Printed in Spain

NOTA DEL EDITOR

En tus manos, Lector, el quinto poemario de *Euritmia poesía* de Isla del Náufrago, cuyo autor, Norberto García Hernanz, regresa a nuestro catálogo tras *Formas de ser un paisaje*.

El asunto que el poeta nos ofrece no es común, siquiera por su estilo cada vez más depurado próximo a la esencialidad de la Filosofía o las Matemáticas, sin concesiones a cualquier adorno: poesía casi desnuda.

En estos tiempos está de moda hablar de retorno a lo espiritual debido a que actores y cantantes —más populares que poetas o pintores— proclaman la vuelta a la religiosidad, de modo nítido o de modo difuso y ecléctico. Un admirado *Premio Cervantes* escribió a finales de 2025 en un periódico de máxima difusión nacional una columna titulada *Dios no ha vuelto*. Tiene razón, pues nunca se ha marchado, por más que varias escuelas filosóficas lo vengan proclamando desde hace un par de siglos. En el interior del ser humano, de cada ser humano, está presente la cuestión religiosa, incluso entre quienes no creen.

Y es aquí, justo en este quicio, donde Norberto nos ofrece *Dioses lentos, ángeles ociosos, del sólo ir,* título que traslada las tres partes del poemario, en el que el poeta reflexiona sobre estos asuntos.

Isla del náufrago pone en tus manos una obra que se plantea, y nos plantea, cuestiones que a todos interesan, más allá de creencias o increencias.

Este poemario me parece más necesario para un creyente que para un incrédulo o agnóstico. En estos tiempos de zozobras, quienes decimos tener fe debemos dar razón de nuestra esperanza, como pide san Pedro. Los libros de carácter científico últimamente aparecidos en España o Francia, por ejemplo, que, a mi entender, demuestran con datos y pruebas muy sólidas la existencia de Dios, no pueden evitar lo fundamental en este asunto: fe, increencia o duda siempre son respuesta personal a la pregunta más importante que la persona responde en su vida. Por tanto, máximo respeto siempre a cada opción.

Leer (acaso el modo más perfecto de escuchar) a quienes confrontan nuestras ideas desde el respeto y la bonhomía, me parece un ejercicio necesario para demostrar(nos) que esa fe no es adorno sobre piel, sino proteína del corazón y la razón, no moda pasajera, sino hábito cotidiano.

Además de esta cuestión esencial, *Dioses lentos, ángeles ociosos, del sólo ir* es un poemario perfectamente ensamblado, en que su autor continúa su proceso personal de búsqueda —característica esencial de toda su obra poética— que nos va ofreciendo libros cada vez más elaborados o polifacéticos en su tema y más sencillos en su apariencia formal. (Esto último empieza a ser milagroso).

Como he dicho, es sustancial a la poética de Norberto su expresión esencial muy próxima al razonamiento filosófico y a la precisión matemática. En este libro, aunque no es novedad, añade a ese modo de decir, la ironía: un elemento nada accesorio al mensaje. Ironía en el sentido más hondo del término, no sé si incluso socrático. Ironía que cumple con un objetivo no casual: conseguir que el *diálogo* sosegado y constructivo entre lector y poeta sea posible, lo que, dado el tema y los tiempos que corren, no es precisamente poca cosa.

Amando Carabias María, editor.

PROEMIO

Muchos son los caminos que podemos elegir para intentar acceder a la salvación del alma, contenga o no vida eterna y paraísos, según opciones.

En cualquier caso, conviene observar que, a efectos prácticos, creer haberla alcanzado o estar en proceso fiable de conseguirla satisface tanto, que convierte en secundario lo que pueda ocurrir efectivamente cuando el cuerpo desaparezca o, dicho de otra forma: Se da más importancia a las creencias que se adquieren, que a lo que alberguen de certeza.

Por eso nos comprometemos con religiones, filosofías y modos ancestrales o actuales de pensar, que permitan superar cualquier miedo a los finales.

Dioses lentos, ángeles ociosos, del sólo ir trata de reordenar las piezas del puzle existencial del ánima, utilizando la razón y la ironía, pero no la frivolidad, con el fin de evaluar verdades teleológicas aparentemente inamovibles y categóricas, pero a la vez sospechosamente contradictorias.

La supuesta informalidad y desenfado con que aborda el poemario esos temas trascendentes, es el recurso utilizado por el autor para, desde una perspectiva diferente a la canónica, conseguir que el lector extraiga nuevas conclusiones sobre lo que cree o descree y si procede o no, ceder el timón de nuestra singladura vital a las seguridades inamovibles o a la duda metódica.

Norberto García Hernanz

Creía en el algo
que siempre existe
mientras no termina.

Practicaba entusiasmado
sin tregua
aquella extraña religión.

De sus ministros principales
uno era.

Objetivo

Por si acaso mañana no tiene
libertad para darse o afirmarme,
aporto esperanza y no duelo
al mensaje suicida del mundo.

No es fácil.

Lo mío me cuesta.

Llegado el caso, en la calle
el sol me toma,
llegado el caso, charcas sin agua
inventan la lluvia
para reflejar dioses sonrientes de bolsillo.

Forma especial de nacer
aquello que de otro modo
pudiera no darse.

Si no es ese
el objetivo del poema
dime cuál

Dioses lentos

Exigimos a los dioses redención
al inmolar lo puro y virgen,
pero a ellos qué la sangre,
qué nosotros
a su voluble consistencia.

Mediodía

Duró poco y ahora estamos a otras cosas.

Era el principio que aleteaba entre sombras
y entendía su final
como culmen pertinente
de un cansancio indefinido.

Principio antecesor de verdades puras,
de realidades acordadas,
de fantasmas mentirosos adrede.

Principio ajeno incluso a la palabra
y por tanto al Verbo y a Dios,
en que cogidos de la mano
era inútil la envidia,
pura la mirada
y sabía a mediodía la pasión
por vivir a deshora.

Duró poco, ciertamente,
y ahora estamos a otras cosas.

Siesta

De aquel séptimo día de descanso
tras la Creación,
somos consecuencia.

De aquella falta de vigilia
y su azar consiguiente,
resultado.

Dicen que el octavo
los dioses volvieron a la carga,
a influir en nuestras vidas,
pero algunos aseguran
que la siesta continúa.

Que a las pruebas se remiten.

Cuerpo

Este torbellino de átomos
que cuesta una vida entender,
forma la concreción del acto
preñándolo de conclusiones.

Saberlo protege al tiempo
de ausentarse sin aviso
e inventa una realidad
que la verdad no sujeta.

Y ahí va el cuerpo a la deriva,
ave de paso,
recontando dioses muertos del pasado
y buscando la esperanza, en los altares,
de los vivos.

Y el protón al electrón nada le dice
y a sí mismos por ser fieles se persiguen
y por siempre, casi siempre,
inanimados se divierten.

Y muere la tarde quemándose el sol
y el canto y el verbo
que en él se desmiembran.

Noticia

La especie más fuerte se blinda,
se declara elegida, intocable y santa.

Si es preciso, reflejo de un dios.

No se ve a sí misma,
no le conviene,
extremo del extremo prescindible
de tantos y tantos
años luz del universo.

Mentirse le salva.

A sus células hambrientas,
comer.

Colegas

Ser "aquello que es", puro e inmóvil,
hace imposible el cambio.

Por eso si pidieras un milagro
podremos oírte, pero no escucharte.

De hacerlo
seríamos distintos, clementes, comprensivos,
finitos, volubles, intención modificada.

Por más que pretendamos
dejar de profesar la eternidad,
tenemos que prohibirnos las fisuras.

Debieras entender que darnos a lo efímero
y al juego sin victorias,
se enfrenta a lo divino
que sobrios respetamos.

Tratarnos contigo de colegas
para estar entretenidos
a veces nos seduce,
tú lo intuyes.

Sentimos, sin embargo, defraudarte:
movernos de este trono, alternar y dar paseos,
escucharte y ser clementes
con la frecuencia que exiges,
nuestros tratados sagrados
lo deniegan.

Pasar

Se acercó, saludó,
vio correcta la inclinación
de los rayos de sol sobre la escena
y entendió que aquello
beneficiaba a su ego.

Escuchó pacientemente
el humano alegato
apenas inteligible para él,
tan dios impersonal
a fuerza de todo saberlo, todo poderlo
y en todo lugar, a la vez, habitar.

Imparcial como las piedras,
se alejó sobre su frío
consciente, a cambio, del calor
que el rictus tierno de su rostro
a los mortales aporta.

Y vio que era bueno
y volvió muchas veces
a su pasar.

Metáforas

Vieron llegar a la Ciencia,
pero no ralentizaron
su frenética y constante
petición de sacrificios.

No quisieron escuchar
las razones congruentes del logos
por ellos creado.

Como moneda de cambio
siguieron exigiendo la sangre.

Reinterpretar lo escrito,
en lúdico ejercicio de verdades espurias,
vino luego.

Fueron invadidos sus textos
de metáforas.

De sendas inescrutables
sus soliloquios.

Diablos

Asentamientos que un dios
se exige a sí mismo.

En el centro de la disputa
Abraham, horrorizado, calla.

Los ángeles de Cielo y Tierra
aliados, son insuficientes
para evitar la extinción.

Por eso los diablos reptan
entre sangre y bombas,
por eso devoran cuerpos hermanos
colonizando la muerte.

En medio del exterminio,
ni siquiera contemplan
blanquear sepulcros.

Justificarse de ese horror
les da pereza.

Pena

Los pueblos que se sienten
elegidos por dioses únicos
de religiones que justifican el exterminio
de pueblos que se sienten
elegidos por dioses únicos
de religiones que justifican el exterminio,
olvidan que probablemente
es un mismo dios avergonzado
por el que matan y mueren
y tímpanos rotos y furia salvaje
y sobre todo

infinita pena.

Himnos

Ignoraban defender un mismo dios
en distintas versiones
y eso los desmembraba
y daba carroña a los cuervos.

Arcángeles aterrados
intentaron dar consuelo a las almas,
mientras carne, hueso y tierra
se amalgamaban con bombas.

Al dios le dolían los hombros
de tanto encogerlos,
a la muerte, inexplicada,
los milagros caducados en el barro.

Para darse la paz fue preciso
jubilar las trompetas, acallar las arpas,
suspender las pompas,
darle al dios buen retiro
con todos los gastos pagados.

Ser politeístas o ateos,
            a partir de entonces,
                        fue la moda.

Rayos X

Está comprobado:

Hay dioses
que sólo ven en infrarrojo.

Por eso consienten,
quizá a su pesar,
que muramos y matemos de día.

En otra ocasión hablaré
de los que ven con rayos equis.

De su afición enfermiza
a los campos de huesos.

Paz pura

Incluso escribir "silencio"
produce ruido, niega el vacío.

Pero existe un previo tictac de la Nada
que borra, mudo,
el Verbo de los dioses.

Mejor escribir, sin vocablos, "ausencia"
en la afirmación inmóvil
del ser extenso.

No hay allá sonido
ni felicidad,
sí un remanso de paz pura
anterior al hálito
de todo sufrimiento.

Milagro

Lo del compromiso con lo creado, Señor.

Trata de recordar aquella obra, siete días,
la siesta del último, Señor,
los resúmenes pormenorizados del octavo.

Y ahora,
por qué insistir en festejar
las ventajas del olvido,
por qué, Señor, tener tanto tiempo
perdida la mirada
y ausente la memoria.

Los desterrados hijos de Eva, Señor,
los del valle de lágrimas
llaman a la puerta, insisten,
amenazan derribarla.

Obra algún milagro, Señor,
dinos quiénes somos.

Qué hacemos aquí.

Dónde

Intento evaluar
modos de existir lo inexistente,
ser dulce la desesperanza
que salga a la calle a tropezarse conmigo,
adecuar viejas creencias
al dolor de los tiempos nuevos,
hacer lógicos y viables
según qué milagros.

Ayuda el poema
en su docto almohadillar la incongruencia
con metáforas útiles,
en su acercar un arpa y empujarme a interpretar
la callada canción de los dioses lentos.

Ellos, según se anuncia,
en el peor de los casos
están de camino,
aunque no se sepa a dónde.

Ira

Pueden enfadarse, provocar diluvios
y acabar con la maldad de los humanos,
pero ver morir a tantos pecadores
les obliga a arrepentirse a ciertos dioses
que pelean y enfangados en el barro
consienten a la ira que les arrastre
para tratar a deshora de enmendarlo.

En el fondo lo que ocurre es que son lentos
y no encuentran ocasión de suplicarse
para oírse y de ese modo hacerse caso.

"Estamos ya en ello, estamos ya en ello"
repiten nerviosos los muy omnipotentes
a la vez que escrutan sus libros sagrados.

Tristes, esquivos y encogidos de hombros
se les ve, a los pobres, vagar por los parques
buscando maneras de salir del paso.

Cero

Lo que más nos gusta hacer
para estar entretenidos
es crear de la Nada:
vida sobre todo.

Detener la infinitud, marcar el cero en ella,
darle cuerda al sólo ir
y modelaros en el barro.

Nos ocupa últimamente
que os salvéis por vuestras obras
y alcancéis el paraíso prometido

—tanto de largo, tanto de ancho—

que algún día en el futuro
seguro planificamos.

Estamos en ello.

Cuestión de ponerse.

Jubiloso jubilado

No hay ángeles ni dioses,
sí estructuras que poseen, inquilina,
su idea,
propicia su necesidad.

Por eso constato
la existencia improbable
de su razón y origen
y les asigno
objeto y ocupación.

A los dioses, extrema lentitud
y lesa inoperancia,
a los ángeles, tierna bonhomía
y formas diversas
de colgar las piernas
al detenerse en las nubes.

Algo similar a un hipotético,
entrañable, preciso,
también decepcionante,
cielo jubiloso jubilado.

Becario

Dejad que llegue a nosotros
la petición del ser
que aspira a sentarse a la derecha
del último
        que se sentó
                a la derecha.

Que veamos si es capaz
de saberlo todo, estar en todo
y todo poderlo.

De mejorar la receta
del café tonificante que anima
nuestras sesudas reuniones.

De servirlo en tiempo y forma
sin derramarlo
mil años celestes al menos.

Ismos

Deísmo: Los dioses fluyen.
Teísmo: Los dioses influyen.
Agnosticismo: Los dioses no pueden
bañarse dos veces en el mismo río.
Ateísmo: Ningún dios
consentiría inmolarse
a cambio de existir.

Y luego las formas enormemente
variadas de perderse la mirada
en la distancia y de inhibirse,
sin que nadie a nadie pida cuentas.

Muchos otros ismos
salvajemente huidos
y fuera de control,
danzan en la noche.

Demiurgos

En la mística del prosélito boquiabierto,
no cabe sino prometer algún apéndice etéreo
de aquellos que, dicen, salvan y elevan.

Imprescindible, para poder amar
y ser amados por demiurgos,
construir una dramática oración
que les haga volver el rostro
para observarnos entre la plebe,
gimiendo y llorando mejor.

También, intuyo,
para mayor religamiento y pleitesía,
pecando avergonzados.

Malva

Mil dados arrojados al azar
sobre un tapete malva.

De ellos,
los cien más cercanos entre sí
transforman el libro de lo casual
en escritura de lo sagrado.

Y la nueva estructura
se nombra diosa
y llega el día y la hora
y toda alabanza a ella es dada
por los siglos de los siglos
por efecto de lo divino
y qué de los restantes novecientos
y qué de lo malva
y en otra galaxia cuándo
mil dados de nuevo
arrojados al azar.

Avance

Lentos y casi detenidos,
a la vez que se cuestionan
sobre el cuándo y el porqué,
despiden a su cohorte inoperante
de ayudantes sin cuerpo.

Para poder celebrar el mínimo avance
y no regodearse en las preguntas,
a sí mismos se rezan.

Discuten y disertan
por el cómo y por el dónde,
aunque crean que es más sano
no sopesarlo en exceso.

Están aprendiendo
a no sentirse responsables,
pero les cuesta.

Últimamente,
les gusta y entretiene
interpretar polifonía.

Ángeles ociosos

Dijo una vez el poeta
que en referencia a lo humano
la vida es eso:
ángeles irracionales
compartiendo un paraíso
con almas de carne y hueso.

Asentimiento

Como si estuviera en tu espalda
medio apoyado en los hombros
pero sin atreverse a hacerlo.

Como si fuera auxilio amable
señor de lo íntimo
casi guardián responsable
de lo que sólo tú decides.

Como si fuera a arroparte
en perpetuo asentimiento,
de alguna extraña manera
le ves mantener la sonrisa
que a lo absurdo da sentido
como a la sombra la sed.

Y eso está bien
y resta a la muerte importancia
en la mirada profunda y transparente
que le asignas tan a punto del contacto,
tan propenso a darse clases
de vuelo liberador.

Y eso es bueno
y anima al ángel a sentirse ocupado
entretenido, útil,
consciencia pura, desatada,
sabia amiga,
encaramada en tu espalda
como si estuviera.

Manuales

Tan necesaria se hace la virtud
de ángeles que sobrevuelen
anónima la incertidumbre,
que cuesta perdonar el paso trémulo
de meros mortales imperfectos
nacidos sin instrucciones.

Para un futuro próximo se espera
bajen manuales del cielo
y los desciendan esos seres no seres
y quede explicitada de una vez
su habilidad de hacer milagros,
su dilecta y sempiterna relación con la luz,
su extremo voltaje.

Cualquier aclaración
sobre formas de volar y no caerse
será bienvenida.

Halo

Saber que el halo de Andrómeda
roza ya nuestra galaxia,
despierta en ciertos ángeles ociosos
la consciencia de haber
    sido útiles
         alguna vez.

Vuelven a decir:
    "¡Allá vamos,
        como en los viejos tiempos!"

Amigo

Susurra a mi oído lo que debo hacer,
lo que beneficia, equilibra,
atañe en exclusiva
a la maltrecha voluntad.

Insiste en señalar
que lo tiene dicho,
que encorvar la espalda nada suma.

Que es preferible estirarla,
elevarla libre,
ejercitar el cuerpo.

Ángel descuidado de la Guarda
y de la extraña compañía,
mírame noche y día incluso derrotado,
no dejes, viejo amigo, de mostrarte.

No olvides, si es posible,
darme besos en la frente
cuando vengas a arroparme.

Útero

No tengas miedo.

Nadie es valiente, pero todos
podemos mostrar arrojo alguna vez,
incluso, llegado el caso,
ser temibles, dijo el ángel.

A la salida de mi útero materno
mostró la flecha continua a seguir
hasta la playa que arena el presente.

No he vuelto a verlo,
ni tampoco el manual de instrucciones
que llevaba bajo el brazo
y olvidó dejarme.

Ombligo

Al ser sin ombligo venido del cielo
que ignora al despertar su procedencia,
le informan que tiene mil años al menos,
quizá muchos más.

Recuerda su pasado y su planeta de origen
pero aquí sobre la Tierra
decide envejecer por inercia,
por sentirse solidario con lo humano,
por hacer más llevadera la oquedad
de cada ausencia al producirse.

Aprende entonces a amar y a oxigenarse,
a odiar la infinitud y a observar el desgaste
del arroyo que fluye veloz
mientras el tiempo lo evapora.

Aprende a disfrutar
la caída pormenorizada de las hojas
en su otoño
y a morir como si tal y lo hace.

Después,
del centro de su piel
surge un ombligo.

Profeta

Despierta la noche al profeta
y dicta a su oído el discurso
que mañana rumiará la plebe.

Imagina somnoliento el efecto
de sus doctos vocablos
y el rendir infieles con verdad y labia.

No sabe si ayunar
o si tomar café con dulces,
si afeitarse la barba
o si dejar que llegue al suelo.

Repasa listas de preceptos
que abren puerta
a los lejanos paraísos
que su arenga garantiza.

Se observa, narcisista, en el espejo,
reafirmando displicente
su belleza y su cordura.

Bosteza distendido
y vuelve a dormir
con la conciencia tranquila
de un ángel sempiterno.

En lo último que piensa
antes de hacerlo,
es en lo mucho que se quiere.

Prescindibles

Espejo
que mirándose a sí mismo en otro espejo
no puede verse y construye
un infinito hueco de reflejos detenidos
que nadie observa.

Un ángel ocioso consigue asomarse
semitransparente
para apreciar la colección eterna
de anversos y reversos superpuestos.

De dónde vendrá su deseo de escapar
y no añadir drama a la escena
que nada dice y a nadie interroga.

De dónde la humana necesidad
de conocer el origen de su túnica, sus alas
su armoniosa lira e imposible cuerpo huido.

Cuáles las dosis precisas de vidrio, plata y cobre
requeridas para construir perfectos
los reflejos y enfrentarlos.

Para libres, fuera,
permanecer ausentes de lo ausente,
santos y prescindibles.

Equidad

Destruyo el orden solemne
del papel inmaculado,
roturando su planicie.

La entropía crea el tiempo
que emborrona con palabras
el blancor de su pureza.

Se oye un ángel aletear
mientras esconde sus manos
agazapado en mi espalda.

No debiera refugiarse
sino ascender a mis hombros
y recrearse en el logro.

Su timidez lo delata,
la agudeza que comparte
nos hace a los dos poetas.

Da el perfil, lo solicitan
editoriales selectas
de contrastada equidad.

Plumón

Una extraña densidad
de ángeles desocupados
provoca que te despiertes
ciertas noches de verano
a velar su aburrimiento.

Llevan un tiempo sedentes
sin tener que resolver
problema ni duda alguna
mientras crece y se amontona
su impaciencia en las almohadas.

No les vale batir alas
en el centro de tus sueños
y te sacan de la cama
para obligarte a jugar
a paraísos y dioses.

Son poco claros y lentos
los deseos de allá arriba
si es que llegan, según dicen.

Cuando quedan satisfechos
y en un vuelo se disipan,
barres todo aquel plumón
con la escoba del asombro.

Dúo

Baraja y atusa el tapete,
reparte cartas.

Insiste en lo lúdico del lance
y en quitar importancia
a ganar o perder.

No tiene otro deseo
este ángel de la guarda
que pasar conmigo el rato.

Asegura con descaro
que el final de la partida es lo de menos
y el estar entretenidos, lo de más.

Cuando reímos a dúo
se hace el tiempo indefinido,
nunca sale el as de espadas.

Si cantamos a la vez
no acaba el día.

Alado

Dijo un ángel saurio que era pronto
para dioses mamíferos,
sin saber que descendía ya del cielo
la roca redentora.

Había augurado un profeta cinodonte
la quinta extinción,
proclamado necesaria la sangre caliente
y el mamar, imprescindible.

Vio luego la leche materna
que aquello era bueno
y fue acabando el sexto día.

El alado, sin embargo, ignorante,
repetía que era pronto, que era pronto,
aunque fuera ya muy tarde
y polvo y ceniza su dios.

Pico

Somos rendijas abiertas a la luz
por donde si entra, mata.

Mejor no muy grandes.

Que quepa únicamente, tamizada,
la verdad de los pájaros sin pico.

Inaccesibles, dentro,
las migas desparramadas.

Fértil el deseo aún.

Virgen el ángel
que fuera vuela.

Sanpaku

Desdén con que el arcángel
pide el documento que no encuentras,
lanzada al vacío su mirada en blanco.

En la anónima fila, tú a ti abrazado,
también distante
compones canciones.

Inmune las tarareas.

Querubín

Asciende y desciende
la claridad el hilo
y busca equilibrio, en su centro,
el porqué del origen de la luz.

Ajeno al trasiego de esa lana, un querubín
envuelve la duda en celofán celeste
y estira en sus pupilas
los pedazos del ocaso.

Logran, sin más, en su presencia,
ser corporales las sombras
y yo, malabarista de los pulsos de la tarde,
como trama deseosa de la urdimbre,
rearmar mi tejido.

Ascender y descender por su carne.

Repasar mi labor.

Custodio

Es cuestión de detenernos un instante,
apuntó.

De hacerlo y notar
que huele a nido
la profunda inspiración
que nos abraza y consuela.

De cerrar los ojos,
sentir a las doce de la noche,
cada día, simplemente,
que llega otro nuevo.

Que en eso consiste el secreto:
en tan dejarse llevar
que a veces dé miedo
y lo mismo casi todo.

Obedientemente acepto
las sugerencias del ángel
y lo anunciado sucede.

Mientras apago la luz,
agradezco tanta ayuda,
no sé bien si a mi persona
o al venerado custodio.

Por su parte él se ha dormido
sobre el borde de mi almohada
soñando que le aconsejo.

Divino campamento

Vienen nerviosos a visitarnos
y se hacinan frente a mí
llegados de un lejano paraíso.

Su precaria situación,
la forma desesperada de pedir
explicación y ayuda,
me hace guía de sus miedos.

Ángeles y dioses atestan la explanada
de mi exigua seguridad
a la vez que se reparten
los escasos panes y peces
que puedo garantizarles.

Todo se unifica y relaja
en un dormir bajo la luna,
levantado en la pradera
aquel divino campamento.

Seguro que mañana al aclarar el día
se me ocurre algo,
encuentro solución y forma de afrontar
tamaño compromiso.

Seguro.

Tierra

En la enorme sala interestelar
diez legiones de espíritus aguardan
su traslado rutinario de galaxia.

Soportan un frío inesperado
e ignoran la existencia
de estrellas cercanas
que puedan devolverles
su moral batalladora.

La noche universal que les asila
trata de justificar
la ausencia absoluta de planetas
y clava en su frente una esperanza
de paisajes con arroyos.

Por megafonía,
jaculatorias excelsas
intentan sin conseguirlo
ahogar el tedio.

Vivir
miles de años hacinados
en viajes como este, es lo que tiene,
lejos de aquella Tierra perdida
de las leyendas arcanas.

Alas

Si ves a tu lado, cabizbajo y temeroso,
a ese Ángel de la Guarda
de la dulce compañía
pidiendo consejo desesperadamente,
toma el relevo
y atúsale las alas.

Te toca ahora
ofrecer los hombros,
responder las preguntas
que una vez le hiciste,
usar las mismas contestaciones
que él mucho antes te dio.

El tiempo definitivo
de no desampararlo
ni de noche ni de día,
ya ha llegado.

Querubines

Importa tener en cuenta
lo que más ahoga y ahogarlo.

Importa presionar su cuello
y retorcerlo sin piedad.

No escuchar cantos de sirena
que supliquen misericordia
para con la muerte humeante
camuflada de consuelo.

Importa insistir hasta el propio daño,
hasta sentir tras el último estertor
de aquel demonio,
la respiración libre y alada.

Dentro, querubines comentarán
las ventajas del oxígeno,
la conveniencia de exportarlo a toneladas
a su pretérito cielo.

Llegarán allí noticias
de ese titánico esfuerzo,
de tan humana proeza,
de su pureza febril.

Potestades

Un coro de potestades trata de explicarme
el equilibrio del Cosmos,
las leyes que rigen
el bienaventurado Mundo.

Ser ángeles de sexto orden
y segunda jerarquía no les arredra,
mientras cantan con orgullo
su papel de ejecutores.

Tras una tarde de risas
gano entera su confianza
y terminan confesando
su comprensible desidia.

Nada es nuevo como antes, declaran.

Le dieron cuerda a los cielos
y sin nada ya que hacer
pasan tiempo con humanos
y confiesan en corrillos
su derrota inevitable.

Más que potestades, concluyen,
somos banalidades.

Ángel ámbar

Cumplida la misión,
no puede el ángel ámbar
tomar el último vuelo
de regreso a su origen.

Se hace inalcanzable
el cielo prometido,
su estrella y refugio
en mitad de la Galaxia,
leyenda inasumible.

La tarde y yo por eso,
por consolarlo,
le invitamos a una cena
de amistad y arroz con leche.

Entre cantos, risas
y alguna lágrima,
destripamos mitos del ahora ser
y luego no existir,
asuntos de redención, de paraísos,
mapas de vuelos rasantes
y vértigos estrosféricos.

Cuando se muestra la noche
cuenta estrellas distendido,
viste alas fluorescentes,
repasa manuales de milagros.

A la postre,
retomarlos con entusiasmo
al mundo le entretiene, dice.

A él, asegura,

le salva.

Copiar

Obreros de lo divino
en oficinas celestes
apuntan fallos y culpas
y a pie de página añaden
alegatos favorables
en caso de Juicio Eterno.

Envidian tu finitud
aburridos de ser siempre,
te hacen ídolo preciado
que adorna sus camisetas
tan humano y predecible,
limitado y vivo tú.

Si caducara el contrato
que los tiene retenidos
seguro que te reclaman
para que seas su líder,
así poder jubilarse
y terminarse una vez.

Quedarán desocupados
cuando acabe el Universo
recordando aquellos días
de la luz y la palabra
en oficinas celestes
obreros de lo divino.

Elegido

Aquel que en solitario desde entonces
vigila a duras penas este mundo
repite cada día las palabras
que al irse sus colegas pronunciaron:

"Tú eres suficiente y si hay problemas
avisa y volveremos a salvarte,
son pocos los guerreros disponibles
y muchos los planetas con batallas."

Él trata de evitar los cataclismos,
de hacer bien su tarea sin ayuda
y escucha las plegarias y los duelos.

Un alma solamente, sin embargo,
no puede controlar tantos mortales
y llora y pide paz por las esquinas.

"Seguro que no vais a conocerlo
si un día os encontráis al elegido"
dijeron al volver en su rescate.

Quién

Dioses lentos,
ángeles ociosos,
vibración ardiendo
y sol lejano y frío dónde,
por quién llamado aquí.

Hasta cuándo su compañía,
la necesidad imperiosa
de sus huecos abrazos.

Del sólo ir

Del salón:

Esto va de lo que viene
aderezado con tibios
runrunes de lo que fue.

En el mientras tanto, somos
un eco de cien preguntas
tremolando en el cerebro.

Fragilidad de la sangre.

Algo que a la Nada sobra.

Consciencia

Lo que no era,
consigue sin quererlo
abandonar la Nada,
generar consciencia y recaer sobre sí.

Al otro lo llama "tú",
él a sí mismo
"yo" se llama.

Por un tiempo no hay objeciones.

Avanzar

Este es el arduo camino
que resume el sentido de una vida,
en lúdico avanzar voluntarioso,
sin llegar a parte alguna
ni querer hacerlo.

Esta la fortaleza del mientras
apuntalando la inexistencia
del verbo acabar.

Allá el instante puro y desbocado,
capaz de producir trozos de eternidad,
abraza y unifica el Ser y su Nada
como si algo.

The Ground (Ola Gjeilo)

Por la partitura llega el equilibrio a la balanza
y pesa más incluso,
el platillo de la apuesta por el ir.

Por la partitura invade el tobogán de la vida
un solo vértigo
y añaden los pulmones
en cada inspiración, paz y belleza.

"Agnus Dei qui tollis pecata mundi"
dicen las voces por la partitura
y un temblor en el aire promete,
nota a nota,
colores que la luz expresa
al hacerse consuelo.

Por la partitura vuela, lo intenta,
cada vez que se enajena,
un ángel extrañado al cielo
y amado por la música
que en evanescentes flecos
de eternidad acompasada,
agita sus alas trémulas.

Canta ensimismado *"Dona nobis pacem"*
a lo largo y ancho de la partitura
y todo su ser es en ella extensión.

Y todo su ser es en ella
su ser en ella Todo.

Mentiras

No es bueno quedarse parapetado en la pregunta
ni venerar el misterio
que exuda el miedo a la verdad de la respuesta.

No es bueno aferrarse al milagro
que de fuera viene
y despreciar la circunstancia
que puebla el interior.

Sí, ejercitar el asombro sin cerrar la boca,
no vaya a salir por la noche el sol
y nos dé lo mismo.

No vaya a producirse desnuda la certeza
y de mentiras la vistamos.

Broma

Este poco Algo, tan Todo,
dado entre Nada y Nada
nos hace imprescindibles
sin dar explicaciones.

Quizá el Tiempo
alcanza, gracias a nosotros,
consciencia de pasar y desgastarse
o el Cosmos la destreza de mirarse a sí mismo
y sentirse bello.

Imagina la broma y de paso
las tardes tediosas de rumbo azaroso
alcanzar su objetivo sin más.

A ti, casi eterno,
tan Todo entre Nada y Nada,
sobrevolándolas.

Nota el desplazamiento,
inventa la virtud del ritmo vertiginoso
con que tú y la Galaxia, en plena simbiosis,
de la mano vais.

Siente cómo aquello que le das,
que apenas consigue devolverte,
indica el destino consolador
donde todo se dirige.

Experimenta el tránsito, el único lado
en que el aire, la piel y su contacto
ignoran definitivamente el vacío
para besar la infinitud.

Aquel, donde el pulso de tus manos
entre sístoles y diástoles
alcanza sentido pleno.

Paga luego el café, sal del bar,
sigue atento tu camino.

Una tarde fría de domingo
está por darse
y espera que tú la abrigues.

Jersey

I

Máquinas somos
de aportar luz al desvahímiento
como hilos perdidos
en la urdimbre desmadejada de Dios.

Llama que añade calor
al ser provisional de las cosas
y a tanta promesa infantil incumplida.

Agujas que tricotando
del derecho o del revés, según proceda,
repiten vuelta a vuelta en cada punto:

"Si al final no vienes
por qué te anuncias".

No obstante el jersey.

II

Alcanza toda huella su sentido
bordada en la tensión del movimiento
y busca el enhebrarse de una aguja
que cosa cada hecho a la memoria.

No quiere terminarse la labor
ni debe irse menguando ningún cuello.

Se hacen prescindibles los bodoques
y urgentes los valientes dobladillos.

Camino que se cose y se tricota
y vive en este lado del jersey.

Medio punto inglés

Mientras en la barra charlan los hombres
de batallas, política y tamaños,
él se sienta y escucha a las mujeres
como noche de cuentos junto al fuego.

Allá habita lugares de afección
y regala su madre a las vecinas
nociones sobre el medio punto inglés.

A él mismo también, algunas veces,
poblando su futuro de recuerdos.

Su universo,
de mundos delicados.

Mariposa

— ¿Qué es lo importante, maestro?

— Saber que carecemos de importancia.

— ¿Cómo hacerlo, maestro?

— Contempla el aleteo de la mariposa
como tu único aleteo.

Si no hay mariposa inventa
el lapso infinito
que la sostiene en el aire.

— Luego ¿qué haré maestro?

— No habrá luego.

Los instantes eternos
son para quedarse en ellos.

Para hacer superfluas las preguntas.

También las tuyas.

Cerilla

No siempre es fácil dar la luz
encender una mañana
y conseguir que brille.

No obstante el sol saldrá
y al día le dará lo mismo
si afrontar el reto
nos divierte o no.

Por eso mejor anticiparse
y prenderle en la cara
al sinsentido una cerilla.

Y que se asuste temprano.

Intemperie

Se está bien aquí
bajo el enorme impermeable
elaborado concienzudamente
con restos de desprecio ajeno.

Venid.

Hay sitio para todos,
espíritus y dioses,
ánimas y corporalidades,
y raro será
que vaya a tocarnos, si hay tormenta,
alguna filtración malvada
de las que sello a diario.

Por eso, si el cielo amenaza odio
y se vuelve plomizo,
aquí os espero.

Podréis cobijaros
y contrastar conmigo los recuerdos
del tiempo en que nadie se mojaba
aunque lloviera,
incluso a la intemperie.

Aún me acompaña
el valor y el arrojo
que os imagina buenos.

Urraca

Acierta lo natural, acierta,
al desgranarse, ajarse y deshacerse
dando paso a lo que, joven, llora y lucha
desde que surge del útero.

Acierta lo natural, acierta,
a pesar de que los dioses intenten evitarle
a la rueda del tiempo, en el camino,
roturar el barro.

Acierta lo natural, acierta,
y bueno es celebrar el encuentro
con la urraca que me mira recelosa
y los romos adoquines que teselan la calle.

Acierta lo natural, acierta
al desear que no acabe la tarde,
aunque sea imposible suprimir la oscuridad
y evitar la enredadera que la cerca.

No obstante yo, terco,
con tijeras afiladas de arrojo,
la podo de raíz
mientras el día termina, inevitablemente,
acertando de forma natural.

Germen

Profundidad
de lo que crea el silencio virgen
repleto de vacío
bajo una luz de nácar,

pura atención, flor de la Nada
que brota y es quejido y no vocablo
antes de darse,

seca torrentera de la noche
que agua trae y siente pasos
sobre la nieve huera
del verso desarrapado.

Temblor del inicio
que, llanto de niño
contundente y frágil,
vibra al fin en la tiniebla
para ser capaz de qué.

Y luego el germen.

Desesperanza

Donde la tarde no acaba
y nada triste ocurre,
accede entregarse la desesperanza
a una nueva religión de credo ambiguo.

A rechazar el acomodo del alimento
para emular, valiente,
el vuelo translúcido de la libélula.

A sopesar en libertad
cómo asumir, sin miedo a hartarse,
su elección dura y desnuda.

Podrá luego levitar
sobre el asombro y la nostalgia
como buda sonriente
dedicado a ser perfecto.

Mantenerse en el engaño
mientras fulge escurridizo
un pez de plata dentro de ella
en el mismo lugar
donde la tarde no acaba
y nada triste ocurre.

Zambombazo

La palabra es zambombazo.

Poco poética,
la que me viene.

Ocurrió una sola vez
en el ir sin vuelta de hoja.

Su consecuencia, la Luna,
la inclinación de la Tierra,
las estaciones.

Veintitrés grados y medio precisos.

Sencillo si lo piensas,
sencillo si te paras y reflexionas.

Zambombazo, la palabra.

Su consecuencia la nutación,
la precesión de equinoccios.

Peonza divertida dando vueltas
con exactitud medida por quién.

Sencillo sí,
si contemplas la existencia
de dioses juguetones
sin prisa por concretarte.

Sencillo, aleatorio, entretenido,
pasar el rato, zambombazo,
dioses, dados.

Y tú donde.

Nada

Le fue imposible al alma
cantar sin laringe, correr sin piernas,
volar sin impulso.

No pudo verse a sí misma reflejada en los
espejos,
perdida la transparencia dentro de la
transparencia.

Huidos los planetas, huera la Gravedad,
difuminados los crepúsculos,
todo fue sustituido por un etéreo abismo
de fondo indistinguible.

Sin cuerpo
el no ser y aquel sentimiento
profundo de desamparo
fueron lo mismo:

Irremediable nada.

Lanza

Observo las cosas mirar el horizonte
como modo mejor de someter la urgencia,
mientras ellas, complacientes,
contestan sin prisa
preguntas que no les hago.

Culmen diario de la punta de lanza
con que rasgo la brevedad
para hacerla duradera,
una y otra y otra vez,
en este único ir
y su amenaza constante de deshacernos.

Gracias

Escribo la frase
"donde quepamos todos"
y sorprendentemente cabemos.

Una hoja en blanco
no da para tanto;
por eso la tinto y gasto papeles
y os convoco en este espejo
en que podéis acompañarme
y veros a la vez.

Escribo "la frase que os contiene"
y dentro quedáis.

Mi reflejo logra así perteneceros
formar vuestro paisaje,
agrandar la realidad.

Escribo "vosotros"
y adquiere sentido mi existencia,
en el dónde del afuera inexplorable.

Por eso sinceramente
os doy las gracias.

Pasos

La enorme bola de nieve
que crece inexorable
y sobre ti se abalanza,
cuyo germen no provocaste
pero te está aplastando,
no sabe siquiera que pasabas por aquí,
que no has sabido cómo hacerte a un lado.

Aguanta la respiración,
alguien vendrá a buscarte.

Se oyen pasos.

Sombra fresca

Aquello extraño, vaporoso
sutil y a la vez contundente,
que el esfuerzo doblega
cuando hiere a los fantasmas,
que supera la urgencia del aire
por contener lo mortal
y explota a la menor debilidad
e invita a volver a dormir.

Aquello que, de nuevo,
los espectros dominan,
haciéndose los amos del envite
hasta que soplas en su niebla
y el día es explicado y recompuesto.

Aquello que creíste poseer
y nunca fue tuyo
que ahora te mira liberado de cargas
te licua, vaporiza
y no eres tú
sino una sombra tras ello
que piensa mientras baila:
"fresca, de bosque, con fuente cantarina".

Disipación

*Andamos para nunca llegar
oh nunca, adónde.
José Ángel Valente.*

Lo que fuera finge y bulle
dentro reinterpreta el día
en acto puro, inextenso
lento y sobre sí plegado.

La tangente eleva el vuelo
mientras explica la fuga
renegando de su círculo.

Efímero se hace el canto
al vibrar la permanencia.

Las nubes albergan puras
en el centro de su centro
su propia disipación.

Su sino
          simplemente
                    es solo ir.

Incertidumbre

No ser nada de lo que fuimos
y estar tan distanciados
de aquello que seremos,
nos hace besar y abrazar
la llama desafectiva
que salva la indefensión.

Si tú y yo nos encontramos luego,
qué haremos sino mirarnos
con cualquier tipo de ojos
ejercitando el asombro.

No es nuestro
el lugar ni el tiempo,
pero sí el intento firme
de liberar este mundo
de cualquier incertidumbre.

Aquel que feliz todo lo ama
en el siempre de cada instante.

Fiesta

Lanzo esta recta veloz
que una un instante con otro
para verlos alejarse
y confundirse en un punto.

El recuerdo, luego, lupa
que los separe y distinga,
será posible, cercano,
pero nunca imprescindible.

Cualquier lapso que distancie
dos momentos redivivos
justo a mí me necesita
y cuando nada requiera
y sobre todo en el trance,
vendrá de nuevo a acretarse
lo singular del origen.

Celebrará como suele
el Universo una fiesta.

Ello

*Del libro no escrito
del profeta inexistente.*

Y tendrán ciertas células consciencia de sí
y creerán que no es casual
y matarán y morirán por ello
efímeras,
entre el antes y el después de lo vivo
tan entretenido ello.

Canción final

El ahora, ahora,
que pasa por aquí y aquí desfila,
que creemos contener, oler, pensar, gobernar.

El ahora, ahora
de preeminencia exacta,
por el cual muchos matan y mueren,
que a saber si sucede en el instante
o cuándo ocurre.

Sospechoso que frases que incluyen
el ahora, ahora, sean ciertas
y aporten a la vez tan poco
a cualquier seguridad,
que nunca consigan ser noticia
por morir de verdad,
por ser mentira tal vez
o extraño desenfoque de lo real.

Canción final, eso sí,
de noches filosóficas
lucubrando bajo la luna.

Eme

Imagina un instante perfecto
de mirada perdida y brazos caídos
que pesen toneladas.

Cierra los ojos e idea
formas relajantes de no abrirlos
de evaporar la consciencia
y ensanchar la intimidad.

En el cuenco de una mano
múltiples prejuicios
tratarán de matar la esperanza,
en la otra, lo demás, oxigenado,
se dará valiente.

Muestra esa palma y disfruta
la voluntad que ejercitas
en intento meditado de borrar
su eme para siempre.

Levántate luego liviano,
respira como nunca lo hiciste
y da las gracias
sin entender bien a quién.

Serenidad

Lugar
en que anida la perfección
en cálido bosque sereno,
donde lo de menos es conocer
cuándo y dónde el río fluye y lo de más
el anonimato que transmite aquel eco
que dentro reverbera, capaz
de hacer malabares con el drama,
y trucos eternos de magia
con la finitud.

Lugar.

Tajamar

Soy el humano
que pidió a Noé subir al Arca
y pudo lograrlo sin ser de la familia.

Tuve suerte
no por bueno, sí por astuto,
por falta de mascarón de proa.

A pesar de la tormenta
no importó ser tajamar cuarenta días
ni partir con la sonrisa, imperturbable,
en dos el agua.

Fue llanamente por sobrevivir,
por añadir a la endogamia manifiesta
sangre nueva.

Por ser excluido
del libro de los malos.

Por estar más tiempo seco.

Sólo ir

Al momento que me testifica
agradezco la consciencia
que infinita el instante.

Somos él y yo
casi ángeles sin tiempo
que dubitativo nos destruya.

Cada lapso que sucede
evita, gracias a nosotros,
la amenaza de no ser
y esa es la habilidad que se adquiere
en el único ir sin regreso
que nunca fracasa.

Futuro perfecto

Nada
como consuelo de no sentir
ni siquiera la ausencia propia
mientras desde el nido
vuela, imagina que lo hace,
cada aún.

Siempre que puede sonríe,
pide otra ronda,
sin prisa bebe.

Beso simple

Para quien quiera sencillez,
—yo mismo incluido—
lanzaré al aire una sonrisa
de fresca mañana lluviosa
y el ser de las cosas
que en ella fluyen
sentirá en el rostro
amanecer mi beso simple.

No alteraré más el día
con intromisiones.

Aportaré, difuminado,
tranquilidad,
apenas presencia.

Quien quiera sencillez
aquí la tiene.

Lado

A qué lado, cuál,
sino al mismo de todos y todo,
del paraíso siempre,
éste del respirar refugio
verbo permanecer y reflexivo dirigirse
donde reine la sonrisa amable.

Aprendamos a silbar si no sabemos
y reverbere ese trino al unísono
en el único y acertado lugar.

Y al otro lado haya nada,
ni enemigos siquiera
que puedan impedirme
amar el mundo y su carne.

Deseo

Descubrir
la parte amorosa
que contenga el vértigo
del único descenso y ser
pluma entonces,
para llegar despacio
al agua tibia acogedora
con cansancio sumo
y plas.

Deseo.

Avanzar

Y si luego no y nunca,
hoy al menos,
en un caer de brazos a oleadas,
lo real que ideo penetra
como instante prolongado,
mástil que el miedo intenta
desarbolar sin suerte.

Mi barco,
respiración profunda repetida,
puede así sobre las sombras
avanzar y elevarse,
hoy al menos,
por si luego no y nunca.

Poeta de a pie

No me va nada
la disciplina del desorden
ni la desesperanza
que aporta la rebeldía.

No apruebo el azar
en cuanto a la ebriedad
que encumbra sus casualidades
en paradigmas órficos.

La magnificencia del iluminado
la veo anecdótica
e indigna de proselitismo
y presumir desconocimiento
es vanagloria camuflada
que mira de soslayo
y desprecia las certezas.

No obstante,
a pesar de lo difícil
que lo pone el esnobismo
y la cultura de "pega"
intento ser poeta
de los que llamo "de a pie".

Moda

No se trata de rechazar
la impureza y la sombra,
sino de hacer amistad con ellas
para luego mostrarles su equívoco
y los claros de luz que ignoran poseer.

Ya que antes o después
suya es la victoria,
mejor hacerles ver
la certeza oculta
que albergan sus demonios,
la enorme parte no culpable
de su conducta abyecta,
lo bien que les sienta
a la postre el negro.

El blanco radiante
que estará de moda
la nueva temporada.

Que vestirán redimidas.

Ojos

Nadie se acerque a observar
el amanecer con lluvia
que aquí todo antecede
si luego va a cerrarnos.

Hasta la ceguera,
abarque el tiempo de tenernos abiertos
el hágase la luz
y esté de parto continuo
la forma redonda de ser
burla, burlando, nosotros,
entreverada sombra refrescante.

Explicarle a la vida
el modo en que contiene
y desconoce los colores, es lo nuestro,
como amarlos sin otra razón
que su propio darse.

Dijimos los ojos.

Decido

Desde el centro de la noche,
punto imaginario equidistante
de cada hecho que altera y tambalea
la rueda incierta que sostengo,
decido y lo hago,
ajeno a tal pulso acelerado,
sosegarme lúcido.

Volver a dormir
y ser noche la noche, de nuevo,
y la luna estática feliz,
circunferencia diosa
del sólido permanecer que invento.

Canción

Momento de rechazar la tristeza impertinente,
tan ávida de resúmenes,
y administrar al olvido
dosis precisas de ausencia de dolor.

Momento de llegar a verme desde fuera
ajeno al egoísmo de aceptar la renuncia
que en apariencia libera
pero tanto ata.

Momento de desnudar el cuerpo y la memoria
para quedar dormido,
tarareando la canción inabarcable
que hablaba de sábanas felices.

Momento de recordar su ritmo y texto
capaz de transportar y consolar la inquietud
y cerrarla los ojos y adormecerla.

Momento de no caer en el error
de componer
su versión definitiva.

De disfrutar sus variaciones.

Tumbos

Pasas la vida reajustando
la dirección y piensas
que ahora ya, pero no es cierto
y vuelves al cruce
y cambias de camino.

Entiendes que en eso consiste
ser libre y el ir
más que en ídolos inmóviles
que aseguren la certeza
y prefieran extinguirse contigo
a quitarse la razón.

Y piensas que ahora ya,
pero no es cierto,
aún no es cierto,
y es motivo de alegría
el enterarte de que vives
porque vas por los caminos
dando tumbos.

Título	Página

Dioses lentos

Título	Página

Ángeles ociosos

Título	Página

Del sólo ir

Título	Página

Título	*Página*

Libros de Isla del náufrago

- *Unas pocas palabras verdaderas*, José Antonio Abella. RELATOS

- *Una tierra mansa*, Ignacio Sanz. RELATOS

- *Circunscripciones*, Luis Javier Moreno. POEMARIO

- *Encanto y desencanto de un hombre sin gracia,* Andrés Portillo. NOVELA.

- *Yuda.* José Antonio Abella. NOVELA HISTÓRICA. (Venta exclusiva Casa de Abraham Senior, Ayuntamiento de Segovia)

- *El globo de Hitler,* Rubén Castillo. NOVELA

- *Frente al Pacífico,* Montserrat Sanz. ARTÍCULOS.

- *Cómo hablamos y escribimos*, Alberto Martín Baró. ARTÍCULOS (Agotado)

- *La sonrisa robada* José Antonio Abella. NOVELA (Agotado) (Premio de la Crítica Castilla y León)

- *Edelgard, Diario de un sueño*, José Fernández-Arroyo. DIARIO

- *Calle Feria*, Tomás Sánchez Santiago, NOVELA (Premio Ciudad de Salamanca) (Agotado)

- *Cayo es mortal,* Juan Andrés Saiz Garrido. NOVELA. (Agotado)

- *María, ojos de lechuza,* Ignacio Sanz (textos) y Mariano Carabias (ilustraciones). LITERATURA INFANTIL

- *Autorretrato postal,* Maribel Gilsanz. NOVELA

- *Diario de cristal,* Maite Hernangómez. NOVELA.

- *El burgués que salió de la caverna. La guerra civil y el Franquismo vistos por la poesía de Jaime Gil de Biedma.* Pedro Álvarez de Frutos. ENSAYO

- *Los humores de la tierra,* Ángel Gómez González. NOVELA.

- *La rectificación,* Adolfo Muñoz. NOVELA.

COLECCIÓN VIVAC (NARRATIVA BREVE)
- *La sombra del Pantano,* Ignacio Sanz.

EURITMIA POESÍA
1.- *Tocar los círculos,* Sergio Artero.
2.- *Al sol y al raso,* Emilio Siegfried
3.- *Formas de ser un paisaje,* Norberto García Hernanz
4.- *Habitando el suspiro,* Sonia Martín Giménez
5.- *Dioses lentos, ángeles ociosos, del sólo ir.* Norberto García Hernanz

www.isladelnaufrago.es

Dioses Lentos, ángeles ociosos, del sólo ir, n.º 5 de
EURITMIA POESÍA, que edita Isla del náufrago, ha sido
escrito por **Norberto García Hernanz** y se ha terminado
de imprimir en los talleres de Safekat, Madrid, España, al
inicio de la primavera de 2026, cuando el poeta encuentra
ese punto unitivo entre quienes dudan y quienes creen,
al afirmar que está la felicidad en aquel que *todo lo ama
en el siempre de cada instante*, como bien saben santos,
místicos, filántropos y poetas.